（德）伊娃·艾希 著 （德）玛丽艾拉·恩德斯 绘 田辰晨 译

密室大逃脱

雪途末路

一本等待你裁开的
密室逃脱纸上书

长江出版传媒
长江文艺出版社

乔纳斯

　　乔纳斯，离异独居，在慕尼黑有家运营不错的公司，对偏远的家乡和父亲的肉厂避之唯恐不及。

马克斯

　　马克斯，乔纳斯父亲肉厂的员工，热情仗义，同时是解谜爱好者。

约瑟夫

约瑟夫，乔纳斯父亲的商业竞争对手，为达目的无所不用其极。

玛塔

玛塔，约瑟夫手下的员工，活泼，工作能力出众，也是马克斯的好友。

打开密室逃脱互动阅读的正确方式
劳驾请不要跳过！！！

在开启本书的冒险前，我们先来看看它是本怎样的书……

在接下来环环相扣的惊险故事里，每两页文字都会带你进入一个新章节，开启一段尘封的秘密。但这不是一本让你从前往后一页接一页读完的普通小说。只有成功破解谜题，才能进入正确的章节！

每章末尾的备选答案中，每个选项后面都有一小幅截图或一处细节。只有选择正确的选项才能指引你在本书中发现对的线索图片，否则便会打开错误的情节。

即使无法迅速破解谜题，也请不要担心！相信你会凭借敏锐的洞察力最终发现蛛丝马迹。

找到正确答案——确认对应截图——打开其背后的页面！

按以上步骤，你才能识破恶人的阴谋，揭开白雪皑皑的村庄里的秘密……

➔ **举例说明**

这是一本什么书？

① 旅行指南

② 电话簿

③ 密室逃脱类悬疑小说

①   ②   ③

沿此剪开

沿此剪开，开启探险之旅！

第 1 章

这是我这辈子开过的最糟的路，乔纳斯心想。黑色的奥迪艰难地穿过冰雪覆盖的乡间小路，惊起几只在路边觅食的乌鸦。

大雪纷扬着下了几个小时，能见度很低，原本沉重的旅程变得越发艰难。乔纳斯正驶向他的家乡——劳芬根。

一簇簇雪片撞击到挡风玻璃上，啪地裂开，旋即被快速运转的雨刮器推到一旁，吱吱作响。而下一簇纷飞的雪片，早已填补上了空白。

乔纳斯捋捋卷曲的黑发，手落在酸痛的后颈上揉着。可是那副自从读完来自医院的噩耗便压在肩膀上的重担，却难以卸下。

"……我们遗憾地通知您，您父亲已在我院过世……"短短几个字使他天旋地转。乔纳斯近一年没见过父亲了。上次见面还是去年三月，老曼弗雷德·施密茨格贝尔来到慕尼黑儿子那别致的精装公寓看望他。两人相对无言，于是一起去了维克图阿立安市场，逛了逛传统肉铺。

做了一辈子肉制品的老父亲兴致勃勃地弯腰查看猪头和肋条，饶有兴致地研究香肠的质量，父子间终于再也无话可说——乔纳斯是个素食主义者，而且他们本也没有什么共同的兴趣爱好，生活圈子天差地别。

乔纳斯现在悔恨不已。他食言了，他并没有在圣诞节回家看望父亲。如果他回来，父亲一定会告诉他，自己患了严重的心脏病，不得不做一场心脏手术，手术风险极高。

父亲没和自己商量，便决定手术，或许是不想让自己担心，乔纳斯心想，他的胸中充斥着悲伤、愤怒和哀痛，五味杂陈。

现在他回到劳芬根，即将回到充满回忆却空无一人的家。他约了公证人，打算办完遗产继承手续后，就赶回慕尼黑。

距离目的地还有两公里，乔纳斯继续在冰雪路面上艰难前行。一种不祥的预感油然而生，他敢肯定，这里有什么不对劲儿……

令乔纳斯感到不安的细节藏在哪里？

① 公路

② 周边环境

③ 车里

①

②

③

乔纳斯花了几分钟时间，破解了这条信息："眼见非实！如果你准备好去了解真相，请寻找红色的线索！"

他不由有些紧张，下意识地吞了吞口水。这封信究竟什么意思？谁放的？难道有人暗示父亲死得蹊跷？乔纳斯越想越狐疑，所谓的因心脏病去世，可为什么父亲之前从来没提过自己有这病？

乔纳斯定了定神，收回思绪。他马上要去见遗产公证人彼得·兹温，然后收拾收拾父亲的遗物，很快便返回慕尼黑。他看了看表，十二点差五分。要想步行准时到达父亲的肉制品加工厂，他得抓紧时间。

工厂前老教堂的钟楼敲响时，乔纳斯准时抵达。公证人却不见踪影。他抬起头，看着橘黄色的牌匾灯箱，上面用大大的圆体字写着"施密茨格贝尔肉制品加工厂"，下面还有一行小字"源自 1869 年，黑森林火腿的故乡"。

黑森林火腿是他们家族企业成功的秘诀，近几年在国外也声名远扬。多家高端食品经销店都将他们家的产品标为上上佳，与西班牙塞拉诺火腿、意大利库拉泰勒火腿并排售卖。透过工厂的玻璃窗，乔纳斯看到销售区展示柜后面站着一个高大的男人。他大概 40 多岁，金色的长发齐肩，身穿洁白的屠夫围裙，肩膀略微下垂。乔纳斯记得，这个瘦高个儿在肉

店工作有些年头了。他也是本地人，不过乔纳斯没在劳芬根上过学，是在城里的寄宿学校接受的教育，所以并不熟悉本地居民。那个男人低着头，好像在研究手里的东西。他忽然抬起头，与乔纳斯四目相对。他把手里的东西塞进裤兜，从自动平开门走出来。

"你好，你就是乔纳斯·施密茨格贝尔吧？"他一边问，一边伸出手，"我是马克斯·韦格纳，代理厂长。施密茨格贝尔先生……"他沉默了，脸涨得通红。"请节哀！"他紧接着补充道，失神地盯着地面。

"谢谢。"乔纳斯干巴巴地回应。

一辆银色的旅行款轿车从拐角驶来。车身盖满白雪，挡风玻璃结着冰碴，驾驶员狭窄的可见视野还不如城墙上的射击口大。车门打开，一个穿着羊毛大衣、戴着眼镜、手拿公文包的瘦削男人跳了下来。

"对不起，我来晚了！"兹温带着鼻音，隔着老远喊道，"我刚和苏兹布吕肯的委托人谈完业务。回程将近 30 公里，这种鬼天气在高速上开车太费劲。您一定也知道路况……"

他急急忙忙地走来，对乔纳斯抱歉地笑了笑。兹温脚上的皮鞋显然不适合雪天，没走几步便陷进雪里。握手时，他的手像一条死鱼，冰冷而无力。

兹温自我介绍时，乔纳斯内心升起了重重的迷雾。
乔纳斯敢肯定，公证人在说谎。

乔纳斯通过什么，发现公证人在说谎？

---

① 鞋子

② 车辙

③ 汽车

①

②

③

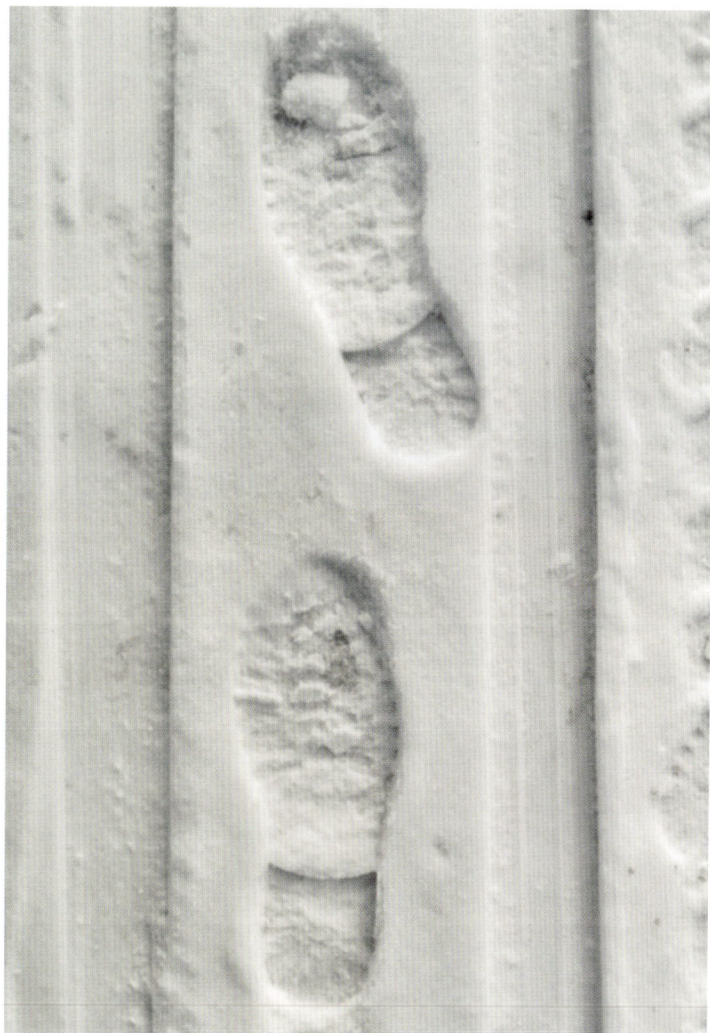

乔纳斯正打算弯腰查看排放血水的排水槽，身后忽然出现一个巨大的黑影。约瑟夫·格雷梅尔斯巴赫走进屠宰间。

"您怎么进来的？"马克斯警觉地盯着眼前的红发老头。

老头看起来有两百斤重，肚子硕大，眼瞅着要把箍在身上的黑色羽绒夹克撑破。

"我见销售区没人，所以直接进来了。我要和你谈谈。"他一边说，一边用灰色的小眼睛打量着乔纳斯。他的眉毛浓密极了，几乎遮住了那对小眼睛。乔纳斯认识这个老头。约瑟夫·格雷梅尔斯巴赫是劳芬根第二大肉制品加工厂的老板。他六年前进入肉制品市场，此后，乔纳斯父亲的日子便不好过了。虽然格雷梅尔斯巴赫家的香肠无论在质量还是声誉上都远逊于施密茨格贝尔家的产品，可是他专打价格战。格雷梅尔斯巴赫为了省钱无所不用其极，他克扣员工薪水，毫不在意自己饲养的牲畜生存状态有多恶劣。

"您想谈什么，格雷梅尔斯巴赫先生？"乔纳斯问。

"我是来给你送钱的。我知道，你对钞票数字可比你老爹在行多了。你一定晓得，你家工厂现在的经营状况不怎么样。去年不是都快破产了吗？"他一边捋着红色的络腮胡，一边轻蔑地笑着。

确实，去年四月，乔纳斯父亲的工厂栽在一桩大订单上，

对方是一家大型高端食品销售网站。第一批发给销售网站的火腿被全部退回，客户抱怨说火腿过咸，根本难以下咽。于是父亲不仅这笔生意黄了，生产的其他火腿也只好赔钱甩卖。不只经济上损失惨重，黑森林品牌的声誉更是一落千丈。乔纳斯知道，直到去世，父亲都一直没有完全摆脱财务赤字的困扰。

"我考虑考虑。"乔纳斯说完，不再作声。他想到，此时自己并未成为父亲遗产和工厂的继承人。

"好好考虑。另外，你还可以把你们家黑森林火腿的秘方卖给我，咱们都是生意人，"格雷梅尔斯巴赫套着近乎说，"价钱好商量。"说完，他又轻蔑地瞟了一眼马克斯，离开了屠宰间。

"你真要把你父亲毕生的心血卖给这种货色？"马克斯愤怒地责问。他双手紧握斧头，指关节泛白。

马克斯爆发的情绪令乔纳斯大吃一惊，但他不想辩解。

"做决定的人是我。"乔纳斯简短地回答，他不愿尴尬地编造谎言。

乔纳斯弯下腰，仔细打量排水槽。然而他失望地发现，没有钥匙，无法抬起排水槽上面的格栅。

在一旁冷眼旁观的马克斯面无表情地说："虽然我搞不懂你在做什么，但是要想打开格栅，你需要这个。"他举起一把小扳手形状的钥匙。

乔纳斯默默接过钥匙，捅进对应的卡槽里，抬起格栅。他用手机照亮阴暗的排水槽，水槽角落里藏着一封信，旁边有一个上了密码锁的不锈钢盒子。乔纳斯好奇地拆开信，又发现了新谜题。

信里藏着哪个密码？

---

① 411

② 502

③ 999

① ② ③

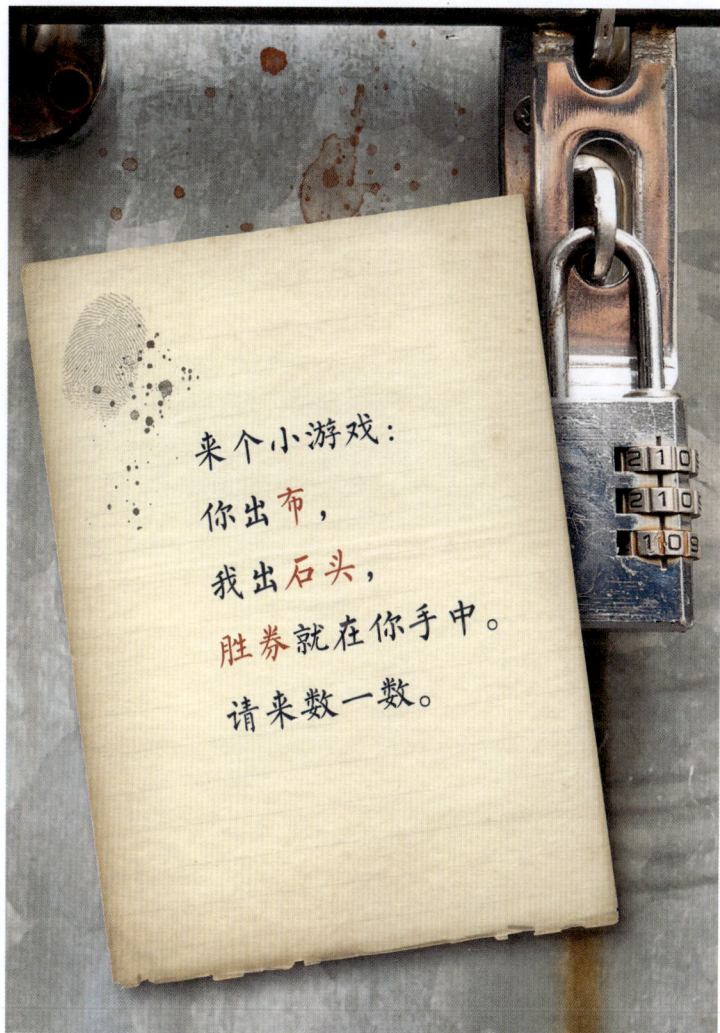

第 9 章

这回是乔纳斯灵光乍现。

"是 7514，每个数字都和它的镜像图案相连。"乔纳斯想要转动锁头上的密码，手指却被冻得不听使唤。

"好烦啊！究竟是谁耍得我们团团转！"乔纳斯咕哝道。

他好不容易打开锁，木门吱的一声敞开了。屋外雪地上皑皑白雪散射的光，照进黑漆漆的小屋里。

"我理解你的烦躁，可是难道你不想知道，是谁在搞鬼？他又为什么这么做？"马克斯说。

乔纳斯叹了口气，环顾四周，小木屋里堆着柴火和引火用的秸秆球。他刚准备小心翼翼地往屋里走，却被什么东西吓得跳了回来。

"蜘蛛网……"乔纳斯一边尴尬地解释，一边摘掉粘在脸上的蛛网，"这里真是太久没打扫过了。"

马克斯紧随其后，灵巧地躲过从横梁悬下来的蜘蛛网。

"真好奇这个小木屋还能给我们带来怎样的'惊喜'。"说完，马克斯关上门，打开罩在金属网里的屋顶灯。房间里霎时灯火通明，角落的阴影显得越发昏暗。屋里有股干草和霉菌的味道，令乔纳斯愈发强烈地思念城里干净整洁的家。

小木屋里有一个老旧的绿柜子，旁边放着生锈的除草机。乔纳斯走近柜子，想打开它，可是柜门纹丝不动。

"让我试试。"马克斯说着举起一块木柴，对着旧锁头一顿猛砸，锁头服了软。当他们看到柜子里的东西时，乔纳斯倒吸一口凉气。

在柜子最底层，一只巨大的斧头突兀地摆在其他工具旁边，钢刃上沾着黑色污迹。乔纳斯跪下来，仔细端详。

正在这时，他突然听到咔嚓一声。乔纳斯猝然转头，映入眼帘的是马克斯紧张的脸。马克斯用手指在嘴唇前做了"嘘"的动作，然后指指木门。乔纳斯明白了，咔嚓声是从门外传来的。马克斯悄悄走到门边，一把拉开门。乔纳斯又听到一阵脚踩树枝的咔嚓声——外面的人落荒而逃。乔纳斯也来到门前，马克斯说："有人跟踪我们。可惜我只看到了一个人影，那家伙逃走了。"

乔纳斯有一种不祥的预感。"抓紧时间，我想赶紧离开这阴森的小屋。"说完，他继续检查起斧头来。乔纳斯打开手机上的灯，照向黑色的斧刃。他松了口气，斧头上裹着的是一层风干的泥。

"快来看！"马克斯招呼道。他正站在一面墙一样的实心木架前，架子隔出了一个储物间。乔纳斯走过来，看到木墙上刻着类似摩斯码的东西。

"怎么解开密码呢？"马克斯一边自言自语，一边研究着点和线的顺序。

"我好像找到了秘钥！"架子另一面传来乔纳斯闷闷的声音，"这面写着什么组合代表什么字母。"

"符号和秘钥分别写在架子两侧，怎么比对？"马克斯问。

乔纳斯想了想，叹了口气回答："我们只好合作了。"

于是，马克斯在这一侧喊着摩斯码，乔纳斯在那一侧一边辨识，一边用手指把识别出的字母记在落满灰尘的书架隔板上。可是，破解出来的答案看上去却是一串乱码。难道答案错了？

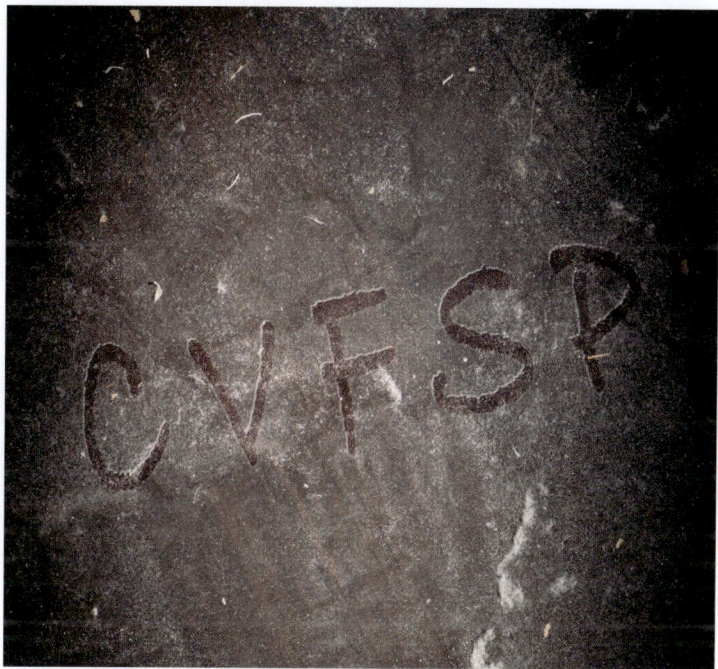

乔纳斯下一处寻觅地点在哪里？

① 屠宰间（Schlachtraum）

② 森林（Wald）

③ 办公室（Buero）

①   ②   ③

乔纳斯灵光一闪，意识到公证人在说谎。他的迟到与苏兹布吕肯的委托人一点儿关系也没有。如果开了 30 公里，车早就热了，无论是机箱盖上的雪，还是挡风玻璃上的冰，肯定都化得干干净净。兹温究竟要掩饰什么？乔纳斯猛地想起那封神秘来信。父亲去世后，也许有人暗中搞小动作，毕竟父亲留下了一大笔遗产。尽管去年亏损惨重，但工厂价值不菲，有人为此干出无耻的勾当也不是没有可能。

毕竟在商场摸爬滚打多年，乔纳斯配合他继续把这场丑恶的把戏演下去。他摆出惯用的公事公办的口吻平静地问："让我们尽快了结整套流程好吗？"

他们一同来到工厂办公区。孩提时代，乔纳斯曾无数次来过这里，对工厂特别熟悉，此时马克斯却反客为主为他引路。乔纳斯终于在办公室门口摆脱了马克斯，他关上门，和公证人坐在几乎占据了整个房间的办公桌前。

"您父亲在遗嘱里写道，只有搬回劳芬根，接手家族生意，您才能继承遗产。工厂不可出售，必须由本家族的人掌管。"

深埋已久的怨恨再次从心底死灰复燃：已入土的父亲，竟然还要跳出来把自己拴在这穷乡僻壤！公证人似乎也对这份遗嘱心有不安。他焦躁地摆弄着一个烙着鸽子的金色钱夹，说："截止到下周一，您还有时间考虑，如果届时您决定放弃按条件继承遗产，您父亲的第二份遗嘱将生效。很抱歉，我无法向您透露更多细节，但第二份遗嘱对您十分不利。"

乔纳斯不敢相信自己的耳朵。

"你说什么？今天已经是星期五了！"他问道。

"很抱歉，我真的不能向您透露过多信息。"兹温收拾好文件夹，转身离开。

乔纳斯若有所思地望着公证人的背影，心想：刚才提到的第二份遗嘱或许和代理厂长有关，希望马克斯·韦格纳能为自己解开信里的谜题，好在遗嘱问题上助自己一臂之力。乔纳斯走回工厂销售区，然而马克斯不在那里，后面的屠宰间传来巨大的剁肉声。乔纳斯循着声音，找到手握利刃分割整猪的马克斯。乔纳斯忽然愣住，他发现神秘来信里所说的红色指的是什么了。

乔纳斯接下来将会做什么？

① 弯腰

② 攀登

③ 切割

①

②

③

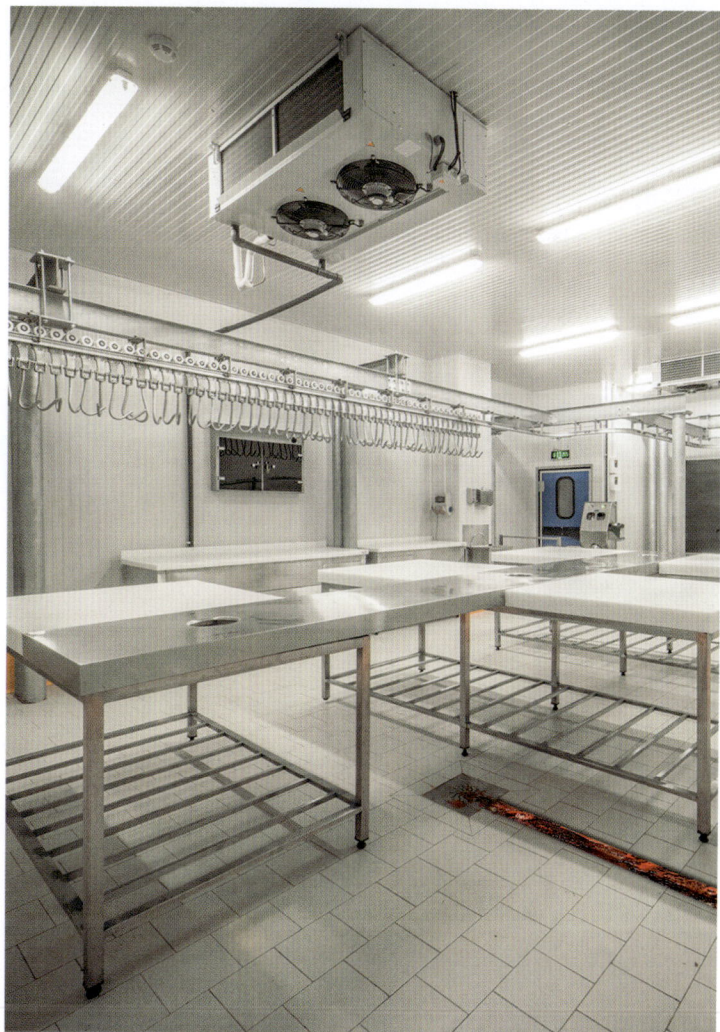

马克斯猛地一拍脑门。"我们可以用手机把摩斯码拍下来对比呀！我真是太迟钝了……"他叹息地摇着头说，"这堆字母到底什么意思？"

"我见过这类谜题，我们只要向前或向后移动字母的一个位置就可以破解。比如我们向前移动一个字母位置，则 C 变为 B，V 变为 U，F 变为 E，S 变为 R，P 变为 O。这就组成 BUERO（办公室）。"乔纳斯解释。

"聪明！"马克斯表示认可，"也就是说，我们需要再去一趟你父亲的办公室。"

两人离开了阴森的小木屋，沿着来时的路返回。刺骨的寒风在耳边呼啸。

"我恨那间办公室，"乔纳斯打破沉默，"我父亲待在那里的时间，比陪我和我母亲的时间多得多。母亲因为癌症去世以后，他就窝在办公室里不出来了，把我一个人留在家中。"

"你那时多大？"马克斯小心翼翼地问。

"16 岁，正是一个人迷茫无助、不知自己何去何从的年纪。"乔纳斯放在外衣兜里的手握紧了拳头。

"我很同情你。"马克斯对乔纳斯突如其来的倾诉显然没有做好准备。

"我从来就没有父亲，不知能不能让你稍感安慰，"马克斯思索了一下继续道，"我母亲一个人，用她在肉制品厂当售货员赚的钱把我拉扯大。不是每个人都能拥有甜蜜的童年。"

"你母亲也在肉制品厂工作？"乔纳斯颇感兴趣。

"是的，你祖父雇佣了她。她热爱她的工作。这或许也影响了我。可惜她去年去世了。"

乔纳斯点点头，他现在可以理解马克斯为什么那么急迫地想挽救父亲的工厂了。

在雪中走了十五分钟后，两人来到工厂。此时已近黄昏，工厂的售卖区关门了。

马克斯走到后门，用力把门推开。"门锁坏了，其实已经坏了好几个月。幸好在劳芬根这样的小村子里，治安不错。"

乔纳斯可不这么想，尤其在他收到第一封神秘来信以后。

两人爬楼梯上了二楼，打开办公室，里面一片死寂。乔纳斯走进父亲旧时的权力中心，觉得自己像一个入侵者。巨大的办公桌上还放着几沓文件和一支名贵的圆珠笔。玻璃陈列柜里摆放着老施密茨格贝尔凭借黑森林火腿得到的各种奖杯。

"他热爱他的工厂。"乔纳斯喃喃地说。他的手摩挲着宽大的办公椅背，又缓缓从光滑的皮革上滑下来。"我父亲把一生全贡献给了讨厌的火腿。我就不明白，人怎么能从死猪和死牛中得到幸福呢？"

马克斯此时站在壁毯前，盯着上面画的星座图。

"看起来有些奇怪……"马克斯小声嘀咕。

"哪里奇怪？"乔纳斯问，"我记得它是我母亲送给父亲的生日礼物。他觉得这壁毯丑极了，可是出于对母亲的爱，还是挂了起来。"

"我不是这个意思，我是说上面的字。这几个字和其他图像一点儿都不搭。"

乔纳斯走近看。马克斯说得对，他们找到了下一处线索。

哪个没有生命？

线索指向哪里？

① 书柜上

② 地毯下

③ 天花板上

①

②

③

怎么有一棵阔叶树在寒冬时节还长满绿油油的树叶？乔纳斯回想起来，这是一棵不知是谁种在乡间小路旁的桂樱树，已经好多年了。这种树并不原产于劳芬根的黑森林。它一年四季绿意盎然，可是枝叶和黑色果实里的种子有毒。乔纳斯想起六年级的时候，邻家男孩的狗误食毒果子，结果中毒身亡。那时，他还乐意参与到乡村生活中，许多大家津津乐道的事件里都有他的"出演"。

乔纳斯的奥迪经过劳芬根村村口黄色的路牌，牌上覆了一层雪，盖住了村名的后半部分。道路两侧出现了房屋，但外墙早已斑驳不堪。多年来，墙面已从纯洁的白色变成了斑驳的米色。劳芬根的街道很狭窄，唤起了乔纳斯记忆深处那种熟悉的压抑感。他 18 岁便离开这里，去大学学习工商管理。上大学总算给了乔纳斯一个逃离的最好理由。

他向往随心所欲的自由。离开这里后，自己终于不必在人行道上向遇到的每位邻居问好；也不必每隔两天就修剪一次前院的草坪；更不必在意父亲的期望。想当初，乔纳斯坚决拒绝接手父亲的肉制品生意，两人闹得很不愉快。

如今，乔纳斯已过不惑之年。他身材高瘦，人到中年还依然保持运动的习惯和健美的身材。离婚后，他带着七岁的女儿一起生活，现在是一家成功的营销公司的老板。可是当他回到过去生活的故土，忽然觉得自己又变回了那个曾经迷失怅惘的少年。

他路过熟悉的电影院和当时村里唯一一家正儿八经的餐馆，随后车子转弯，来到父亲的房子前。百叶窗紧锁，窗户阴沉沉地注视着他。

乔纳斯停好车，在衬衫和套头衫外面穿上价格不菲的厚外套。他打开车门，深吸了一口寒冷的空气。

几户邻居的烟囱冒着黑烟，木柴烧焦的气味刺激着他的鼻腔。乔纳斯走过积雪覆盖的石子小径，来到门前。踩上积雪时，他的靴子碾碎了无数细小的冰晶，吱嘎作响。他犹豫着打开黑橡木大门。屋里还是老样子，仿佛下一秒父亲便会从厨房走出来迎接他。甚至连电视遥控器也仍然放在皮沙发的扶手上——老曼弗雷德·施密茨格贝尔过去就喜欢舒舒服服地躺在沙发上。

乔纳斯注意到，地毯上放着一个奇怪的白色信封。走近来看，乔纳斯惊讶地发现信封上写着自己的名字。

他拆开信。信里有几行看似毫无意义的字，底部还有一个奇怪的半圆。

在这封信里，哪种颜色最重要？

① 白色

② 黑色

③ 红色

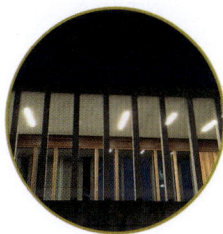
①

②

③

yan jian fei shi !

guo ni bei qu jie liao zhun
zhen ru hao xiang ,

zhao suo hong qing xian
xun de se。

第 7 章

就着手机的光，乔纳斯下楼，来到厨房，用玻璃杯往煤油灯里灌了点儿水。水涨油高，浮在水面上的灯油随之接触到灯芯——乔纳斯点燃了煤油灯。

火苗微弱，虽然不太亮，但足以驱走黑暗。乔纳斯握着煤油灯回到房间，坐在床上。面前的墙上还贴着乔纳斯少年时期喜爱的足球俱乐部海报，书柜里卷了边的旧课本旁，放着蝙蝠侠系列漫画，他走过去，失神地翻看着。这里是他过去生活的地方。

乔纳斯躺在床上，回忆着过去，慢慢进入梦乡。

星期六早晨醒来时，乔纳斯意外地发现来电了。可是暴风雪在昨夜又一次来袭，放眼望去，将近一米厚的积雪覆盖着大地，路上没有一辆车。乔纳斯随意地洗了把脸，打开门，旁边一位不认识的邻居拿着铁锹，正给院子清出一条步道。

"早上好！"乔纳斯高声打招呼。

邻居挥挥手，回应道："这简直是雪灾。"在冰天雪地里枯燥地干活时，出现个人可以说说话歇一歇，令邻居开心不已，他倚着铁锹说："整个村子被大雪困住了，进村的路封了，车辆无法通行，所以连清雪车都开不进来。"

乔纳斯猛地一个激灵。因为这意味着，自己有可能和杀人犯一起困在村里。无论神秘来信的谜底究竟指向谁，警察也没

办法插手——最近的警察局在十公里以外的另一个村子。

乔纳斯不想等到中午，他决定采取行动。他出发前往格雷梅尔斯巴赫的肉制品厂，虽然那个浓眉小眼的老头儿实在不招乔纳斯喜欢，而且作为生意上的竞争对手，他有动机伤害父亲。

徒步在雪地里跋涉半个多小时后，乔纳斯终于红着鼻头站在一家售卖香肠和肉制品的工厂店铺前，店里商品琳琅满目。

"您要点儿什么？"一位扎着深色马尾辫的漂亮姑娘问。她洋溢着热情的笑脸使乔纳斯眼前一亮。

"我想要两根维也纳小香肠和一些小道消息。"乔纳斯微笑着对姑娘说。

姑娘挑起眉毛，一边把香肠放到秤上称，一边问："什么小道消息？"

"关于你家老板，听说格雷梅尔斯巴赫……"

姑娘笑着回应："听说他什么？"

话音未落，店门又开了。乔纳斯惊讶地发现，竟然是马克斯走了进来。

"你在这儿做什么？"乔纳斯问。

"我来看玛塔。"马克斯的脸变得更红了。

"我和马克斯是好朋友，"玛塔走到他身旁说，"我们俩都喜欢恐怖的悬疑小说，所以成立了书友会。告诉你一个小秘

密，书友会里只有我们两个会员。"

　　闻言，马克斯露出了灿烂的笑容。

　　"既然见面了，快告诉我你葫芦里卖的什么药，"乔纳斯说，"但我们不能在敌人的地盘商议，请吧！"

　　马克斯与玛塔告别，并且许诺稍后给她打电话，接着便和乔纳斯一起踏上了积雪覆盖的人行道。

　　乔纳斯四下张望了一番，然后从包里拿出一个金属盒，递给马克斯。

　　"0、2和5，指的是出石头、剪刀、布时伸出手指的数目。"马克斯边说边转动密码锁上的数字轮。

　　咔嗒一声，锁头弹开了。盒子里是一张格子纸。

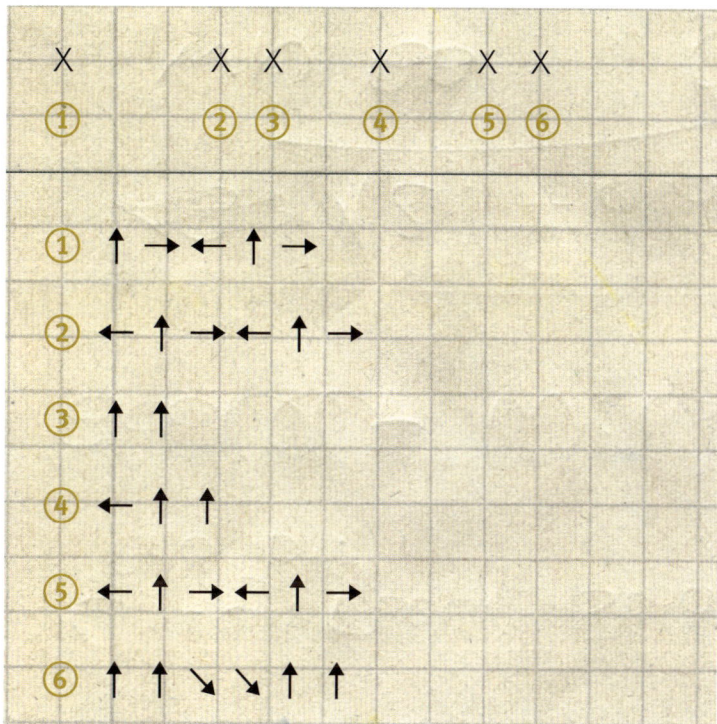

格子纸上表示的是哪个单词？

---

① **Tragen** （背）

② **Laufen** （跑）

③ **Feilen** （锉）

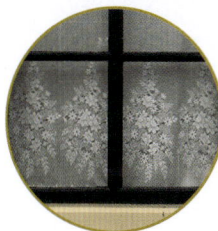

①　　　　　②　　　　　③

看着钥匙，马克斯束手无策。"我真没见过劳芬根哪家房子的门牌号竟然有这么多数字……"他将带有门牌号的钥匙递给乔纳斯。

"有没有可能，这些数字根本不是门牌号，而是字母顺序？"马克斯问，"嗯……第 14 个字母是 N，第 1 个字母是 A，第 9 个字母是 I。NAINAI，这把钥匙是你奶奶家的！"

祖母的房子位于村庄最边缘的一个小丘上。以往乔纳斯肯定开车去，可是现在街道仍然被大雪阻塞，没有车能通行。

没办法，二人只好再一次徒步出发。

乔纳斯的祖母三年前去世，但由于遗产分配不明，无论是父亲，还是他的三个兄弟姐妹，都没照管过这处房产，天长日久，房子便慢慢破败了。

路上一辆车的影子都见不着。乔纳斯再次意识到，自己被困在村里，就像一只落入陷阱的老鼠。他默默加快步伐，半个多小时后，他们穿过大雪，来到了老房子前。

乔纳斯吃惊地发现，记忆中老房子米色的外墙已经变得脏兮兮，上面布满了霉菌。一扇窗户上的玻璃甚至破碎了。他把钥匙插进锁头，打开门。

迎接他的还是熟悉的味道——变质的油和桉树味。现在霉菌的气味和一丝丝甜味盖过了熟悉的味道。

"好恶心！"马克斯在厨房地上发现了一只已经腐烂了一半的老鼠。

"别大惊小怪，"乔纳斯打趣他，"咱们刚和死猪过了一晚上，这么小的尸体还能把你吓着？"

"没想到，你还真行。我一开始以为，你就是个软弱又自我感觉良好的城里人，看来是我想错了。"马克斯说着，远远地绕开死老鼠。

他们来到客厅。客厅里摆放着绿丝绒沙发，地上铺着波斯地毯，矮柜上放着几个祖母精心收藏的小瓷人，只不过，房间里所有物品上都蒙了一层薄灰。带花纹的壁纸上挂着雕刻好的木制十字架，架子旁边挂着许多相框，里面的照片多已泛黄。这些照片非常眼熟，乔纳斯仔细端详起来。

一张是他父亲满脸喜悦地试骑三轮小车，还有一张照片上是他的叔叔和姑姑。

乔纳斯忽然发现面前的照片中有一张非常奇怪，他不禁仔细地观察。他有预感，这张照片是解决疑问的钥匙。

哪张照片能给乔纳斯提供线索？为什么？

① A

② B

③ C

①

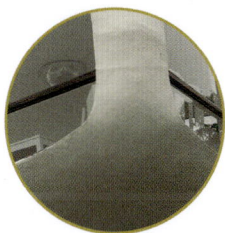

②

③

乔纳斯盯着谜题，苦苦思索，却百思不得其解。因此他完全没发现马克斯走到自己身后，好奇地偷瞄。

"我看像剪刀、石头、布的游戏……小时候常玩来着……"马克斯喃喃自语，惊得乔纳斯猛然回头。

"哎，你知道什么叫个人隐私吗？"乔纳斯说着，飞快地把信塞回信封。

"紧张什么！你一来就从排水槽里变出个奇怪的盒子，里面还有一封神秘来信，谁不好奇？"马克斯满不在乎地看着他，"你还想把声名远扬的祖传黑森林火腿秘方卖给格雷梅尔斯巴赫。这可是咱们工厂的立根之本！就连我，施密茨格贝尔先生都不肯透露半点秘方的事。"

"我可什么都没卖！"乔纳斯反击道，"但是有一点格雷梅尔斯巴赫说得没错，工厂现在效益不好。我父亲虽说做肉制品一流，但绝对不是一个好会计。我明天把所有账目材料再看一遍，有问题的话，你能帮我吗？毕竟你是代理厂长。"

最后一句，乔纳斯暗含讥讽。可说完他就后悔了：可以看出，马克斯是由衷地热爱这份工作，而且归根结底，他是真心想拯救工厂。马克斯满怀希望地认为，老施密茨格贝尔生前肯定早已把黑森林火腿的祖传秘方交给了儿子，事实却并非如此。

"抱歉，我没有恶意，只是面对现在的状况我压力有点大。"

乔纳斯一边说，一边摆弄着上锁的金属盒。

"我理解。"马克斯简短地回答。

二人互留了电话号码。

乔纳斯在回父亲家的路上，再次陷入沉思。积雪早已将人行道吞没，清雪车和撒盐工仍然不见踪影，乔纳斯一脚踩下去，雪没到了小腿。冷风吹得他不住地打寒战。当他回到父亲家时，裤腿里早已灌满了雪。乔纳斯点燃壁炉，让冻僵的双手和脚指头慢慢恢复知觉，接着在房子里寻找蛛丝马迹，只是最后却发现一切都是白费力气。看来为了弄清楚遗嘱和神秘来信，不得不周末过后再离开。乔纳斯深深地叹了一口气，来到二楼，和衣倒在年少时睡过的床上。

乔纳斯恍恍惚惚沉睡过去，半夜十一点，突然被手机震动声吵醒。他迷迷糊糊地打开床头灯，眯着眼看手机屏幕。

"我知道谜题的答案了，明天下午一点工厂见。马克斯。"

显然，马克斯准备当面告诉他答案。乔纳斯疑惑不已，这位代理厂长究竟为什么要力保父亲的工厂？他和父亲的死有关系吗？就在这时，床头灯忽然闪了一下，整个世界随之陷入黑暗。

在这样糟糕的天气里，停电不足为奇。或许是树枝不堪积雪重压，断裂并压坏了供电线。乔纳斯打开手机上的手电筒，想找一根蜡烛或者手电，因为手机马上要没电了。他忽然想起父亲卧室里有一盏旧煤油灯。然而煤油灯的灯芯太短，根本浸不到底部的油。

乔纳斯怎么做，才能点燃煤油灯？以下哪种物品可以帮助他？

① 水杯
② 木屑
③ 剪刀

①

②

③

第 18 章

乔纳斯拿起箱子，翻转过来读上面的数字。

本来毫无意义的序列一下子简单明了。

16 06 68 88 × × 98 变成了 86 × × 88 89 90 91。这还用想？密码是 87。

乔纳斯把密码锁的齿轮转到对应的位置，感觉自己离谜底又近了一步。

马克斯坐在他旁边的一个旧床垫上，兴致勃勃地等着。

箱子里除了一封手写的长信，空无一物。乔纳斯马上认出这是父亲的笔迹。

他大声读出了信。

父亲的谜题答案是什么？

亲爱的乔纳斯，亲爱的马克斯：

当你们读到这封信的时候，已经说明了两件事。

1. 很遗憾，我的心脏手术并未像我期待的那样成功。

2. 你们俩和我想的一样聪明。

我猜，奶奶墙上的照片一定令你们有所怀疑。现在，我要证实这个怀疑。是的，你们俩是兄弟，同父异母的兄弟。

很抱歉，我没有勇气当面告诉你们真相。那时的情况太复杂了。乔纳斯，你当时刚刚出生几个月，可是你的出生对于我和你母亲的感情来说，是一场注定悲剧的考验。一切忽然都变了，我们两人压力极大，每天都吵个不停。这时，我认识了马克斯的母亲玛利亚。和她在一起，我终于又可以轻松地开怀大笑了。我爱她，她也爱我。然而有一天晚上，我突然意识到纸是包不住火的。之后，我心情沉重地结束了这段感情，因为我不想，也不能让我的家庭受到伤害。后来玛利亚才告诉我，我们分手时她已经怀孕了。

从那时起，我尽力资助她，我们两人也达成共识，让马克斯父亲的身份成为一个秘密。如今，你母亲和马克斯的母亲已经去世，揭开谜底不会再伤害谁。这个埋藏已久的真相是我欠你们的。

我希望你们能试着去了解彼此，就像我了解你们一样。乔纳斯，你坚强、果敢又聪慧。马克斯也是个意志坚定的人，他有才华，对工作充满热情，理智又善良。所以我希望你们俩共同开始一段解谜之旅，在过程中慢慢相互信任。现在由你们决定，谁来继承工厂技术，谁继承经营管理。

现在，请让我给你们出最后一道谜题：

什么东西，穷人拥有，富人欠缺？一直吃它，便会死亡。而且这也正是隔在你们二人之间的东西。

爱你们的父亲

第 11 章

"哪个没有生命？"马克斯读道。

"在一个每天跟动物尸体打交道的地方，竟然问如此奇怪的问题。"乔纳斯低语。

"我筛了一遍十二星座，除了处女座、水瓶座（德语为倒水的人）、射手座是人，其他都是动物，最后唯一一个以物品命名的星座就是天秤座。"马克斯一边用手指着壁毯上的星座，一边解说。

乔纳斯在房间里四下打量。小书柜上放着一个陈旧的天平，是父亲做装饰用的。乔纳斯小时候总想拿来玩一玩，可是父亲从来不让。

现在再也没人管他玩什么了。乔纳斯手里掂量着砝码，若有所思地说："他一直希望我继承他的衣钵。无论我做任何其他工作，甚至上大学，对他来说都不可接受。当年我告诉他，我要去学工商管理专业，他可是纠结了好久才勉强同意。或许是因为我没有选择学医之类的吧，否则他真的一点儿希望都不剩了，毕竟他可是一直琢磨着让我接手他的生意，工商管理知识到底还能派上用场。"

乔纳斯愣住了，他在天平的一个托盘下面摸到了什么。

"有东西粘在这儿！"他兴奋地喊道，不假思索地把托盘翻转过来。

那是一张叠得整整齐齐、被胶带粘在托盘背面的纸。

"我真想知道，究竟是谁，思维如此奇特，竟然给我们留了这么一堆谜题！他为什么要这么做？"马克斯说。

乔纳斯怕把纸撕坏，小心地剥离着。

恰在这时，一阵有节奏的震动声传来。马克斯从裤兜里掏出手机。看到屏幕上的呼叫显示，他快步走出房间，关上门。乔纳斯好奇极了，溜到门边偷听。可是他只断断续续地听到："我一猜就是这么回事……谢谢你打来电话……我会的。"

马克斯返回前，乔纳斯早已退后一米，假装把所有注意力都集中在天平和纸上。他最后拽了一下，把纸完全剥离下来，故作漫不经心地问："有什么新消息？"

"玛塔来电话向我们示警。她发现格雷梅尔斯巴赫从肉店一路跟踪我们到老锉工的小木屋。现在我们知道那个消失在森林里的黑影是谁了。"

虽然心存顾虑，但是除了相信马克斯，乔纳斯别无他法。他打开刚刚取下的纸片，看到几张风格迥异的奇特照片。

乔纳斯和马克斯现在需要什么？

① 去滑雪　　② 取外套　　③ 拿手电

①

②

③

1）花朵 = 去

2）羽毛 = 画

3）珊瑚 = 建

1）玻璃 = 库

2）铁丝栅栏 = 山

3）翅膀 = 暗

1）水母 = 湿

2）书页 = 明

3）蘑菇 = 冷

他们不费吹灰之力便找出了正确的电线，剪断后，嗡嗡的制冷声也渐渐停了下来，乔纳斯心里的大石头总算落了地——他快扛不住冷库里透骨的冰寒了。两人从水池下面找到两只塑料桶，接下来的四小时，他们蹲在倒扣的塑料桶上聊天。两点刚过，实在困得不行的两个人只好躺到金属屠宰台上——总比血色斑斑的地板强很多。台子窄窄的，也不管尴尬不尴尬了，两个大男人使出浑身解数，并排挤着躺好，睡意很快便吞没了小小的尴尬。在失去意识的前一秒，乔纳斯模模糊糊地想，其实自己内心深处对马克斯是颇为感谢的，在这样一个夜晚，有了他的陪伴，自己才不至于孤单地被困在冷库里。

星期日早晨八点刚过，乔纳斯被刺啦一声刺耳的噪音惊醒：有人在门外打开了金属门栓。他转头看了看身旁。马克斯已经起来了，正不耐烦地站在门口等着。"弗朗茨！"他高声喊，"我头一次见到你这么高兴！"他感激地冲过去拥抱开门的老头，弗朗茨一脸茫然，不知发生了什么。弗朗茨手里还握着一个大木楔，显然昨晚是有人用它抵住了门。

"走吧！乔纳斯，我们把冰砖拿到楼上去。那儿有热水，赶紧把它化开。"乔纳斯二话不说，尽力挪动着僵硬的手脚从台子上跳下来，抱起重重的冰砖。一晚上过去了，冰砖的体积几乎没什么变化。

他们来到屠宰间，把冰砖放到水池里，打开热水冲。不一会儿，冰砖便以肉眼可见的速度逐渐变小。突然，他们听到砰砰的敲击声。

乔纳斯走到前面的销售区，看见一个穿着黑色羽绒夹克的胖男人：格雷梅尔斯巴赫正用手敲着玻璃。他看到乔纳斯，讨好地向他做手势，请他让自己进来。乔纳斯走到自动门前，什么也没按，门就开了。

"我知道在这儿肯定能找到你。我是想给我昨天开出的条件加个码。"说着，他从夹克衫内兜儿里掏出一沓钱，这沓钱用烙有鸽子图案的金色钱夹夹在一起。

"两千欧元现金给你，没人知道。只要你把火腿秘方给我。"他把头探过来，信誓旦旦地说。"工厂好与不好，你不也无所谓吗？"

乔纳斯压住怒火，不动声色。难道格雷梅尔斯巴赫了解遗嘱的内容？如果他知道，这意味着什么？难道是他昨晚把我们困在冷库里，好拖延时间？是他害了父亲？

"我不卖秘方。"乔纳斯大声说。

格雷梅尔斯巴赫的小眼睛眯成了一条缝。"你要与我作对……"他威胁道。

"抱歉，请自便。"乔纳斯冲着门向他做了个"请"的手势。

格雷梅尔斯巴赫离开后，乔纳斯回到屠宰间，马克斯在那儿焦急地等着他。冰砖只剩鸡蛋大小了，马克斯的手里拿着一把挂着门牌号的钥匙。

钥匙可能是谁家的？

① 乔纳斯父亲家

② 马克斯家

③ 乔纳斯奶奶家

①

②

③

第 12 章

"**合**起来代表去冷库！"马克斯将所有照片找到正确选项后惊叹道。

"我们拿上外套吧！冷库可是冰窖。"他说着，把羽绒夹克夹在腋下。

二人下楼来到地下室，还没进冷库，就已经感到阵阵寒意。乔纳斯庆幸自己听从了马克斯的建议。地面上铺着棕色的瓷砖，头顶氖光灯晃动的光线给人一种虚幻的感觉。周围一片肃静，乔纳斯觉得自己似乎也成了屠宰场里待宰的羔羊。他们穿过三道银色钢门，终于来到通道里最后一道门前，马克斯抬起巨大的把手，将门打开。

冷库的墙面铺满白色瓷砖，一直延伸到天花板。房间正中央有一张巨大的不锈钢桌子，大冰柜和切香肠机摆在房间一角。金属滑道上挂着许多切割成半爿的猪，有一只整猪还没来得及切割，死猪眼狠狠瞪着灰色的水泥地面。

"这里还真舒服！"乔纳斯说着反话，嘴里呼出一片白气。马克斯转身关上门，免得冷气逸出，然后马上开始四处搜索。乔纳斯也仔细检查悬挂的猪肉。

"你和玛塔到底什么关系？"乔纳斯问。

"玛塔说过了，我们是朋友。"马克斯答得滴水不漏。

"谁信！"乔纳斯回答，"我看见了你望着她的眼神。而且她看起来也的确是个很棒的姑娘。"

"别打她的主意，你根本不知道她有多珍贵！"马克斯阴沉地说，"她是一位优秀的肉制品加工师。格雷梅尔斯巴赫那个混蛋完全把她榨干了。我一直想，等咱们工厂有多余的空岗，便让她辞职过来。可是施密茨格贝尔先生遗憾地告诉我，他只能减员，没办法加人。"

"我可没那意思，"乔纳斯一边搓着手取暖，一边讲，"实话告诉你，我在慕尼黑有一个七岁的女儿和前妻，光是她俩就够我忙的了。"

乔纳斯边往门口走边说："我去拿帽子，马上回来，刚才把它落楼上了。看来，咱俩今天在这儿有得耗了。"

可是当他开门的时候，门纹丝未动。

"我来试试。"马克斯也无功而返。

马克斯咒骂："一定有人在外面把门拴上了，要把咱俩困在这儿！"他用尽全身力气再一次撞去。门岿然不动，马克斯却摔了个四脚朝天。乔纳斯伸手拉他起身时，马克斯注意到了天花板。

天花板的一个角落里，白底红字写着一个新的谜题。

他们马上要做什么？

① 打开

② 攀爬

③ 移除

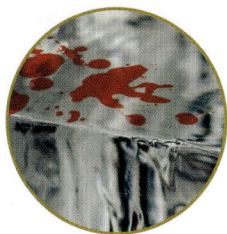

①

②

③

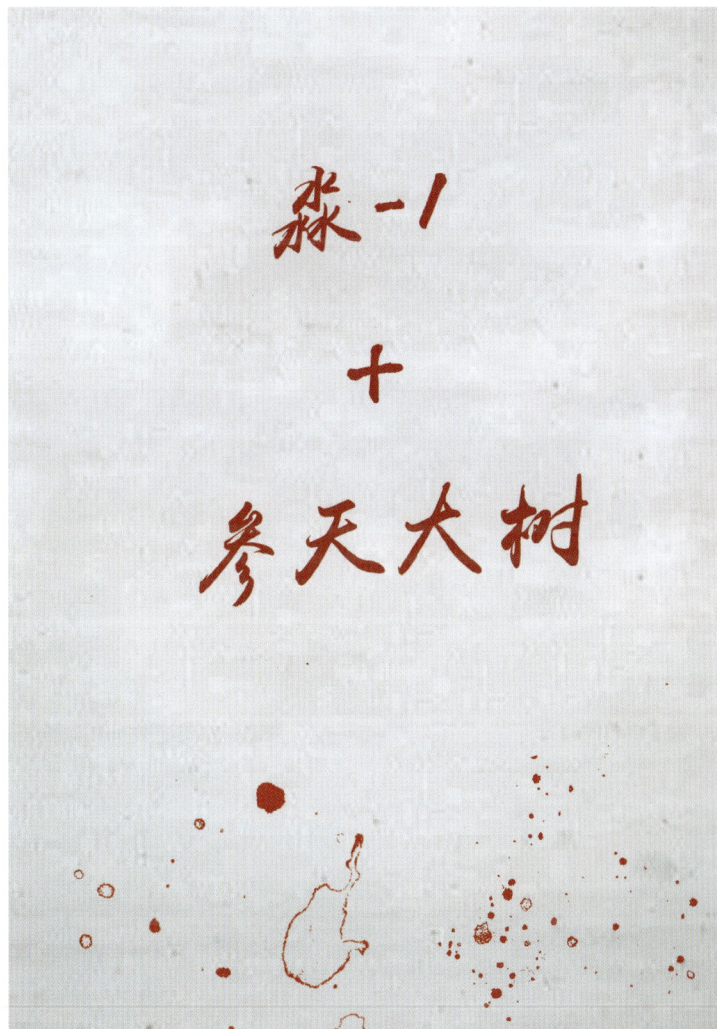

森-1

十

参天大树

乔纳斯从大衣内兜里掏出一支印有自己公司名字的红色圆珠笔，按照格子纸上的指引拼写着。"一格向上，一格向右，再一格回到左边，随后向上，再向右。是 F！"乔纳斯激动地喊道。一个字母接一个字母，不一会儿单词"FEILEN（锉）"便跃然纸上。

"什么意思？"乔纳斯看着马克斯，"我是不是应该去附近的五金店看看，或者做个美甲？"

马克斯沉默了一会儿，忽然反应过来。

"我明白该怎么办了，"他盯着乔纳斯说，"但是你要和我一起去。没有我，你搞不定。"一抹狡黠的笑容浮现在马克斯宽宽的脸上。

乔纳斯想了想，虽然不知道自己能否信任马克斯，但至少二人有相同的目标——破解谜题，找到黑森林火腿的家族秘方。

"好吧。"乔纳斯说完，把纸收到夹克衫兜里，顺便双手插进兜里暖和暖和。

"这里指的肯定是老锉工的小木屋。小木屋在森林旁边，老锉工去世后便荒废了。老人无儿无女，而且社区也没钱雇人去打理。"

"还等什么？请吧。"乔纳斯伸出手臂，示意马克斯先走。

两个男人沉默地并肩而行。乔纳斯价格不菲的冬季大衣保暖性倒是不错，可是他穿的深蓝色单裤根本不适合在这种天气户外出行。他看了一眼马克斯。马克斯身穿厚厚的卡其色羽绒服，脚套暖和的冬靴，头戴毛线帽。他个子瘦高，走路晃晃悠悠的样子让乔纳斯觉得有点儿像自己的父亲。不过，父亲从来没和自己在雪地里散过步。

马克斯注意到乔纳斯投来的目光，淡淡地说："我知道你想自己去小木屋，也知道你对乡下的生活没兴趣。或许昂贵的汽车和能言善辩的唇舌能让你在慕尼黑活得滋润，但这里不吃那套。"

乔纳斯沉思片刻，没接马克斯挖苦的话茬，问道："你和玛塔很熟？"

马克斯不作声，乔纳斯穷追不舍："她跟你提过格雷梅尔斯巴赫吗？你知道他们家生意怎么样吗？"

"那老狐狸有他自己的问题，"马克斯说着，踢飞一块冰坨，"他无所不用其极地压榨员工，欺诈合作伙伴。玛塔告诉我，有不少人告他，他还欠了一屁股债。所以他使出浑身解数想搞到咱们厂的秘方。他打的算盘是用便宜的肉来抄袭咱们的产品，赚上一票。"

这是条有价值的线索，乔纳斯心想。

正说着，他们来到了森林边。在白雪覆盖的树林前，小木屋黑色的轮廓十分显眼。它那受尽风吹雨淋的横梁，似乎在积雪屋顶的重压下发出叹息。

"门锁了。"乔纳斯晃着小木屋的门。

他忽然发现，门栓上刻着什么东西，看起来像某种密码。

"不会又是一个谜题吧！"乔纳斯哀叹。

门锁的密码是多少？

---

① 7514

② 8653

③ 3217

①

②

③

镜前双生

第 13 章

"这是一个字谜，"乔纳斯自言自语道，"淼-1，三个水变成两个，也就是冰。"

"参天大树是巨大的树，"马克斯接着说，"巨木反过来变成柜，两个字连起来就是……"

"冰柜！"二人同时脱口而出。乔纳斯和马克斯相视一笑，似乎忘掉了此时仍身处险境中。

"要我说，咱们也没别的办法，"马克斯思索着，"手机在这里没有信号，没法搬救兵。不过明天一早弗朗茨要来上班，每周日他总会来巡检一圈。我们只要熬到那时候就行，在此期间，我们可以全力研究冰柜。"

他们来到银色冰柜旁，打开柜门。里面除了一块巨大的方形冰砖外空无一物，冰砖里似乎冻着什么。

二人把冰砖拿出来，放到地上。

"要让冰在这种温度里融化，不知要等到猴年马月。"乔纳斯摸着滑溜溜的冰砖说。

"或者拼一把力气。"马克斯拿起肉锯，想把冰砖割成小块。可刚拉了一下，锯子就滑偏了，割伤了马克斯的手。鲜血滴滴答答地落到冰砖上，马克斯大声咒骂起来。

"严重吗？"乔纳斯关心道，从水池旁拿起一条毛巾递给他。

"没事儿，不严重。"马克斯一边回答，一边用毛巾按住伤口止血。

"我或许该好好考虑一下，自己到底适不适合屠夫这项工作。我经常不小心弄伤自己。"马克斯给乔纳斯看他的另一只手，上面有好几处伤疤。

乔纳斯之前根本没注意，这些伤疤大概也是马克斯使用切肉刀时，不小心滑偏造成的。

"打小我就这样，"马克斯继续说，"不到三岁的时候，我从楼梯上摔下来，磕掉了两颗门牙。我跟你说啊，我小时候极少有能看的照片……"

乔纳斯笑着回答："谁不是呢！我小时候的每张照片，看起来都跟小姑娘似的。我妈从来不给我剪头发，她说我的卷发漂亮，我猜她是想把我当女儿养。"

这下轮到马克斯笑个不停。他拍着乔纳斯的肩膀说："你现在倒是把自己收拾得不错。"

"要我说，咱们还是别管冰块了，先管好自己吧，我可不想把脚冻掉。如果真的等明早才有人发现咱俩，我们肯定免不了大病一场。"乔纳斯走向一个温度计。

温度计旁边的天花板上安了一个巨大的制冷空调。

"这东西是不是用来制冷的？我们试试看，能不能把它关掉。"

马克斯从抽屉里翻出一把螺丝刀，拆掉了金属箱的外壳。里面是一个复杂的电路板。

为了切断制冷空调的电源，他们应该剪断几号电线？

---

① ② ③

①

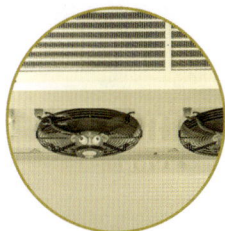
②

③

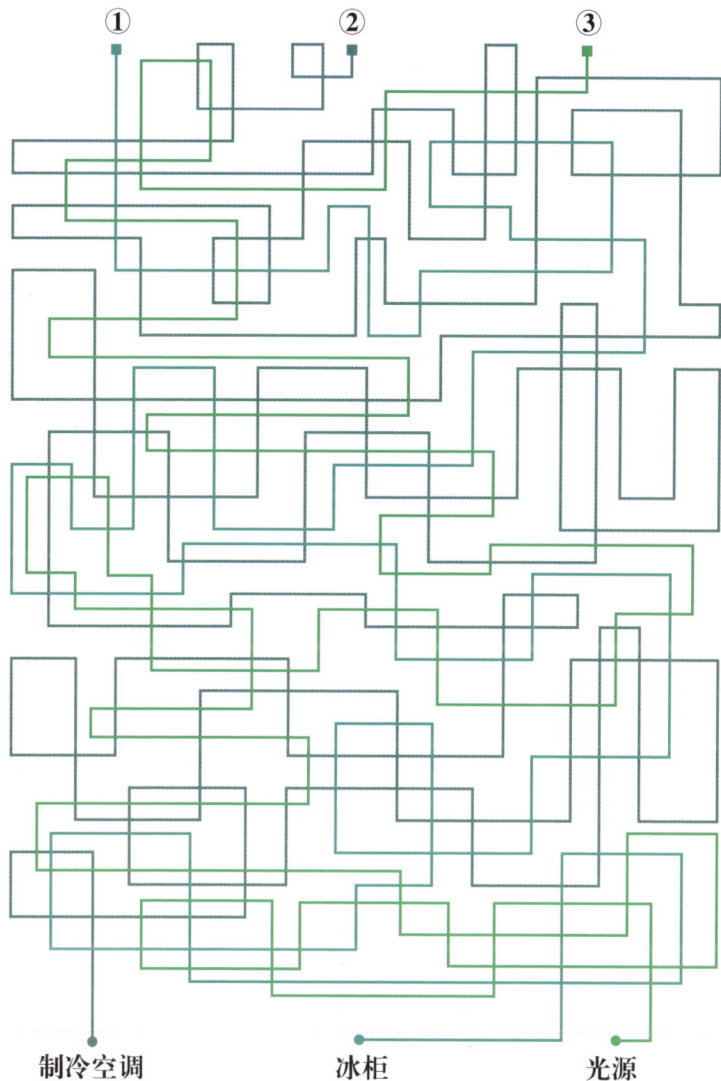

① ② ③

制冷空调   冰柜   光源

乔纳斯目不转睛地盯着照片。他敢肯定，这张照片以前自己从没见过。他认出了照片里的自己，可是却记不起拍照的场景。那时他应该是三岁。乔纳斯猜出了坐在父亲前面的另一个同龄男孩是谁。

马克斯看乔纳斯一副聚精会神的样子，问："发现什么了吗？"

乔纳斯没作声，马克斯走上前，也看起了老照片。"这不是我嘛！"他惊呼，"你看我掉了的门牙。"他哈哈大笑，随后忽然停下来，奇怪地说："等一下，满头卷发的小孩是你？"

乔纳斯点点头，把相框从墙上拿下来。"看来，我们两个早就认识了……可究竟是什么情况？"一个想法冒了出来，乔纳斯却不想先说出口。

他岔开话题："你知道吗？格雷梅尔斯巴赫今天又来店里了。他想用两千欧元，私下找我买秘方。"

"这只钻进钱眼儿的猪！"马克斯咒骂，"你没泄密吧？"

"当然没有，而且我也没什么秘密可泄露。毕竟我父亲也没把家族秘方给我。"

马克斯愣住了。

"你没开玩笑？如果真是这样，咱们厂不就相当于拱手让给了格雷梅尔斯巴赫吗？没有秘方，咱们摆脱不了财务危机。"

乔纳斯叹了口气说："我并不打算继承工厂。我尝试说服自己，搬到劳芬根，接管工厂，这样工厂便能留在我们家族手里。可是我根本不懂也不愿做肉制品，最后搞得一塌糊涂，还要把我女儿一个人留在慕尼黑。即使给我再多的钱，我也不干。你才是更适合这个岗位的人选。"

"我？那工厂离破产倒闭也不远了。我搞不懂数字，去年的债务用不了不久就会迫使我们把成本压到最低。格雷梅尔斯巴赫知道你不打算继承工厂吗？"马克斯问，"那可真是天上给他掉馅饼，他肯定会幸灾乐祸地看着我们工厂慢慢死掉，最后再把秘方据为己有。"

乔纳斯忽然想明白了。"我觉得格雷梅尔斯巴赫知道更多内情，而且我知道是谁向他泄的密！公证人和我们约谈时，手里一直摆弄一个钱夹，它和格雷梅尔斯巴赫今天找我时用的一模一样。公证人迟到的借口也荒唐极了。我猜兹温和我们会面前，刚刚见过格雷梅尔斯巴赫，并把父亲的遗嘱内容卖给了他。"

乔纳斯说话时，手一直没离开相框。他无意间翻转相框，发现后面粘着一封信。

他们将被引往何处？

① 二楼的浴室

② 阁楼的游戏室

③ 地下室的食品储藏室

①

②

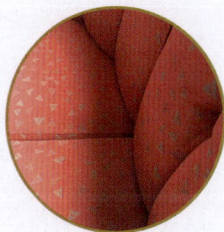
③

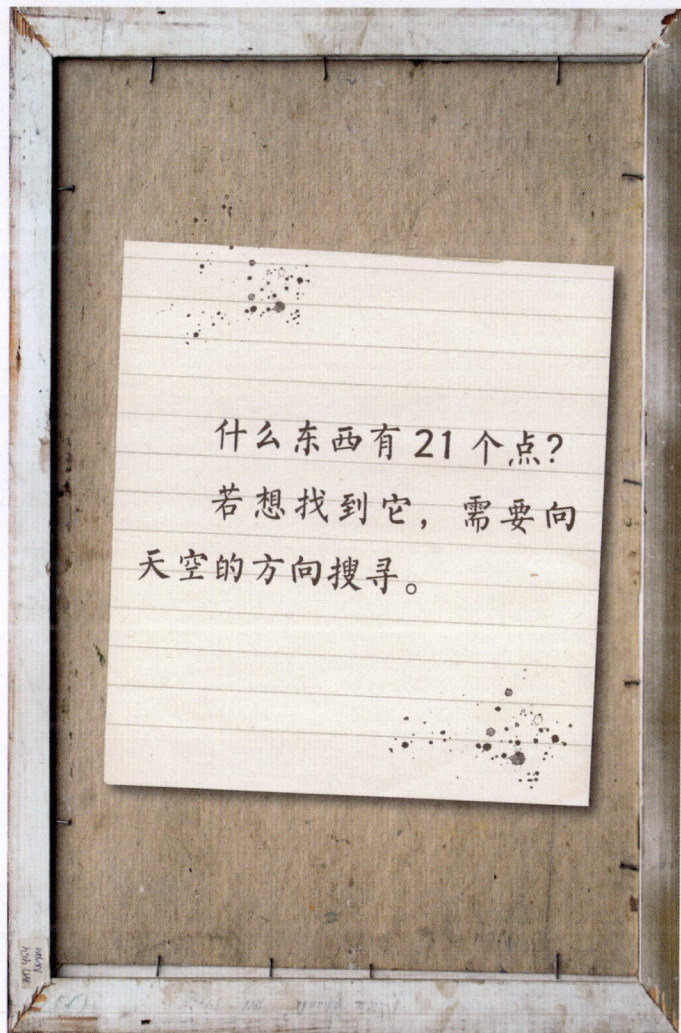

什么东西有 21 个点？
若想找到它，需要向
天空的方向搜寻。

第 20 章

"K 在 O 里……"马克斯重复道,"K in O, Kino(电影院)！我们去劳芬根电影院！不过那里荒废很久了。"

二人以最快的速度跑下楼,往电影院狂奔。当他们在白雪覆盖、空荡荡的马路上呼哧呼哧跑的时候,马克斯的手机又响了。

"怎么一直不回我,你去哪儿了？"玛塔焦急地问,"我给你发了上百条信息！"

"我和乔纳斯正在追踪谜题的线索。说来话长,我以后讲给你听。有什么急事儿吗？"

"我昨晚又去了工厂,搜了格雷梅尔斯巴赫的办公室。我找到一些文件,能清楚证明他就是导致施密茨格贝尔火腿过咸的罪魁祸首。他在浸泡火腿的盐水容器上做了手脚,"玛塔担心不已,"注意安全,谁知道这流氓还会干出什么事来？"

"大概是把我们困在冷库,好让我们冻病而死,"马克斯回答,"我们在去老电影院的路上,你能过来吗？把你找到的材料也带上,我们一起讨论接下来怎么办！"马克斯挂断电话,把玛塔发现的情况快速复述了一遍。

"我们必须去警察局告发他,"乔纳斯说,"但是现在我们没法出村。在道路清理出来前,我们可要小心提防他。"

等他们终于跑到旧影院时,天已经黑了。影院大门上了锁,但窗户是坏的。他们二人从窗户跳进影院。影院昔日的光彩仍在,大厅装饰着美丽的镜柱,白色的公告栏上有黑色的可移动字母磁铁。不知哪个捣蛋鬼,用这些字母拼出"qu ni men de lao fen gen"。在收银台后面,挂着一个旧广告海报,上面画了一只招揽生意的小猪,嘴里说:"我的火腿是最棒的！施密茨格贝尔肉铺期待您的光临！"

"一定是它！"乔纳斯喊。他跑向广告海报,把它从墙上扯下来,后面果然有一个信封。他把信封拆开一看,心里的石头落了地。正是他父亲的遗物,家族黑森林火腿的秘方。马克斯和乔纳斯紧紧相拥,为解开了最后的谜题开心地庆祝。

他们回到街上,玛塔正等着他们。马克斯鼓起勇气,把玛塔拥入怀中,在雪地里原地转圈。

"嘿,这又是哪一出呀？"玛塔假装生气地问,可是并没有反抗。

正在这时,发动机的噪声传来。他们回过头,发现闪烁着蓝光的警车缓缓驶来。乔纳斯跳到路中间,叫停警车。警察摇下车窗,乔纳斯问:"道路重新开放了？"

"是的,"警察回答,"所以我们赶紧过来,看看大雪有没有造成损失。"

"据我所知没有,"乔纳斯说,"但是我们另有请求,这里有一些有趣的文件。"

玛塔把巨大的棕色文件袋递给警察。

马克斯也走到警车旁说："您知道格雷梅尔斯巴赫住在哪里吗？我觉得您应该会会他。"随后，他们三人向警察讲了这个疯狂的故事。

劳芬根报

顶级火腿

劳芬根施密茨格贝尔肉制品厂今年重获最佳黑森林火腿荣誉奖。这家家族企业去年面临财务危机，幸而新接手的领导层管理有方。已故老厂长之子乔纳斯·施密茨格贝尔与他同父异母的兄弟马克斯·韦格纳带领工厂重返火腿加工行业的顶峰。上个月起，这家著名的劳芬根火腿品牌接到多家大型电商抛来的橄榄枝。施密茨格贝尔先生表示，雪片似的订单令工厂应接不暇。工厂有幸邀请到肉制品加工师，同时也是工厂副总经理马克斯的未婚妻玛塔·施佩尔加入并壮大团队。

据知情人透露，二人的婚礼将于今年举行。

商业诉讼案

本周，劳芬根著名商人约瑟夫·G.相关案件开始受审。他被指控侵犯个人财产、欺诈及故意伤害他人。该案同时还涉及贿赂问题，一并受审的是一位公证人。据报道，后者将商业机密卖给涉案商人。

审理工作将持续到明天下午，在此期间我们会持

第 17 章

"我知道，"马克斯咧着嘴笑，"我在玛塔借给我的惊悚小说里读到过。"

"别卖关子！"乔纳斯催促道。

"答案是色子！把色子所有面上的点加起来，一共有 21 个。但是在哪里能找到它，我就不知道了。"马克斯耸了耸肩膀。

"然而这是我奶奶的家。"乔纳斯说了一半，突然顿住了。他清了清嗓子继续："信上指的一定是阁楼上的游戏室。它是我奶奶让人加建的，就是为了我们这些孙辈回来探望她时，有自己的游戏天地。"

他们爬上铺着地毯的楼梯来到二楼，在一个小天窗下面站定。乔纳斯用一根长木棍捅开窗，拉出折叠木梯，往上爬。

阁楼上的空气干燥而闷热。地上摆着旧床垫，旁边放着一堆棋盘游戏。

"色子应该就在这里。"乔纳斯说着，打开一个大富翁游戏的盒盖。"你和我父亲的关系怎么样？"他一边在游戏盒子里翻找线索，一边装作不经意地问。

"我很喜欢他，"马克斯说，"他是一个好老板、一个优秀的肉制品加工专家。我从他身上学到了很多。"马克斯停顿了一下，继续说："你知道吗？找一个学徒的工作不容易。我上学的时候没好好读书，母亲又特别忙，没工夫管我的学习。

我还清楚地记得，我做学徒的第一天，你父亲教我如何用木屑烟熏肉。我当时随手拿了块松木便往烟熏室里塞，他把我拉到一边说：'马克斯，我要把你培养成一个肉制品制作师，一个优秀的肉制品行家！'他的这句话一直激励着我。"

乔纳斯点点头，他能想象，父亲在自己热爱的领域，肯定散发着耀眼的光芒。

"游戏盒里没什么特别的。"乔纳斯说着，起身走向墙边的五斗橱。突然，他发现壁纸上有一块特别浅的痕迹，好像有人移动过家具。他挪开五斗橱，竟然发现了一个隐藏的木门。

乔纳斯撬开木门，用手机照亮门内昏暗的空间。他有些害怕，不知道会找到什么。门后面有一个小箱子，上面挂着银色的密码锁。

箱子盖上有一串数字和一个提示。

哪些数字能打开锁?

① 99

② 12

③ 87

①

②

③

有时候，换一个角度能帮你解决问题！

第 19 章

马克斯疑惑地看着乔纳斯。

"答案是'无',也就是什么都没有,"乔纳斯说,"穷人什么都没有,富人却从没有欠缺的东西。如果什么都不吃则会死亡。"

马克斯明白了。"我们二人之前也没有任何隔阂。施密茨格贝尔先生,我是说,我们的父亲也这样认为。天啊!这么称呼太奇怪了……"

"是的,我也需要时间来消化这件事。我忽然多了个弟弟。"

两个男人肩并肩沉默地坐在垫子上,不知对彼此说些什么。最后,乔纳斯打破了僵局。

"这对工厂来说是最好的结局。你在劳芬根继续经营工厂。我父……"他笑着改口道,"咱们父亲把他知道的都教给了你,而且也认可你是一位优秀的肉制品制作行家,不然不会让你做他的代理。我也加入。我负责和数字打交道,市场营销、销售和其他书面的东西我来做。而且这些工作,我在慕尼黑便能完成。"

马克斯瞪大了眼睛,满脸欣喜。"你偶尔也愿意回来吗?"他开心地笑着问,"咱们也能好好叙叙旧。"

乔纳斯笑了。可是马克斯的眉头又皱了起来。

"我们还有一个大问题。黑森林火腿的家族秘方还没找到,"马克斯说,"咱们父亲想出了如此复杂的一套谜题,却把最重要的信息忘掉了?我不相信。"

乔纳斯也觉得不合逻辑。肯定还藏着其他线索,可是会在哪儿呢?他又读了一遍父亲的长信,仍然毫无头绪。

"我和你说个事儿,"马克斯看着乔纳斯说,"我之前对你有所隐瞒。"他紧张地搓着手。"父亲不只给你写了信,我也收到了一封。但与你不同,我一开始就知道信是谁写给我的。施密茨格贝尔先生让我紧紧跟住你,所以我一直粘着你。"马克斯从裤兜里掏出信,递给乔纳斯。

这封信和乔纳斯收到的几乎一模一样。相同的信纸、相同的字体,而且这封信的底部也有一个奇怪的半圆。乔纳斯灵光一现,他跳起来,疯狂地在大衣兜里翻找他的信。找到了!他拿出自己的信,对在马克斯的信上。

"你来看。"乔纳斯指着两个半圆招呼道。两个半圆组成了一个圆,里面有一个字母K。

"这又是什么意思?"马克斯思考着,"一个小K在一个大O里。"

"K在O里肯定有深意。"乔纳斯一边说,一边用手画着圈。

最后一个线索指向何处（友情提示，和德语有关）？
如果没有思路，那就请打开最后一个内页吧！

非见实眼！
果你备去解了准本好相，
找索红请线寻的色。

图书在版编目（CIP）数据

雪途末路 / （德）伊娃·艾希著；（德）玛丽艾拉·恩德斯绘；
田辰晨译. — 武汉：长江文艺出版社，2021.1
　（密室大逃脱）
　ISBN 978-7-5702-1771-7

　Ⅰ. ①雪… Ⅱ. ①伊… ②玛… ③田… Ⅲ. ①智力游戏
Ⅳ. ①G898.2

中国版本图书馆CIP数据核字（2020）第170377号

策划编辑：陈俊帆
责任编辑：王天然　　　责任校对：毛　娟
图书制作：格林图书　　责任印制：邱　莉　胡丽平

出版：长江出版传媒｜长江文艺出版社
地址：武汉市雄楚大街268号　　邮编：430070
发行：长江文艺出版社
http://www.cjlap.com
印刷：武汉市金港彩印有限公司

开本：730毫米×1000毫米　1/16　印张：5.375
版次：2021年1月第1版　　2021年1月第1次印刷

定价：36.00元

图片说明：

封面：Shutterstock.com / Kudryashka; JIANG HONGYAN; Alexander
Schitschka; Lario Tus; NikhomTree Vector; Bezzubenko22;
monkographic; Ravindra37; Anton Violin

内文：Shutterstock.com / hanohiki; Alex Stemmer; sebra; mpix foto;
arigato; Alexander A. Nedviga; Mehmet Cetin; DZMITRY PALUBIATKA;
travelview; Romvy; Quang Ho; Wilm Ihlenfeld; TukkataMoji; My
Sunnyday; Jelena Yukka; Jing H; Worawee Meepian; Lana Endermar;
Stanna020; ratsadapong rittinone; Tarcisio Schnaider; tsuneomp;
Vlad-George; jamesteohart; Vicente Barcelo Varona; inxti;
Alexandre Holand; Valentin Agapov; thanasus; Benjaminpx;
Pixel-Shot; Alessandro Pierpaoli; Wichai Prasomsril; Sarawut
Janeviriyapaiboon; holwichaikawee; Jerry Lin; LiliGraphie;
Studio_3321; Krasovski Dmitri; Darkdiamond67; Dmytro Buianskyi;
Maksym Fesenko; Fortgens Photography; Shift Drive; IgorGolovniov;
Xiao Zhou; Evikka; IvanovRUS; Snezana Vasiljevic; I.Dr; united
photo studio; Svetlana Lazarenka; Gelpi

谜题配图：Marielle Enders

封面设计：Grafisches Atelier, arsEdition GmbH

内文设计：Marielle Enders, www.itsme-design.de

答案

第 1 章	路边的绿树和寒冷的气候格格不入
第 2 章	红色
第 3 章	开了 30 公里的车身十分热，存不住大量积雪
第 4 章	弯腰（地上的排水槽里有红色的血）
第 5 章	布、石头、胜利的手势分别会伸出 5、0、2 根手指
第 6 章	水杯中的水加到油灯里，灯油水涨船高，碰到灯芯
第 7 章	按①到⑥的箭头指示，可得出 FEILEN
第 8 章	7514
第 9 章	办公室 Buero（CVFSP 都往前移动一个字母）
第 10 章	书柜上（十二星座中天秤座是以物品命名的）
第 11 章	需要穿外套（图片指向：去冷库）
第 12 章	图片答案是冰柜，冰柜需要打开
第 13 章	②
第 14 章	字母表上第 14、1、9 个字母分别是 NAI，连起来是 NAINAI
第 15 章	C（第 13 章提过小时候马克斯磕掉门牙，乔纳斯一头卷发）
第 16 章	21 个点是色子，指向游戏室
第 17 章	87
第 18 章	答案是无
第 19 章	Kino 德语意为电影院

此为捷径，最强大脑可忽略……